Psychologie positive

Cultiver le bonheur et l'épanouissement

Introduction

La recherche du bonheur et de l'épanouissement s'est poursuivie à travers les âges, traversant les cultures et les frontières géographiques. Des premiers écrits philosophiques aux théories psychologiques modernes, la quête humaine de vivre une vie heureuse et pleine de sens est une constante universelle. La psychologie positive émerge comme une lueur d'espoir dans ce paysage complexe, offrant une approche scientifique innovante pour comprendre et développer le bien-être humain. Dans les pages suivantes, nous explorons les profondeurs de cette discipline, en plongeant dans ses fondements, ses concepts clés et ses applications pratiques qui peuvent nous guider vers une existence plus épanouie.

Développement de la psychologie positive

La psychologie positive a ses racines dans une réaction au modèle traditionnel de la psychologie, qui se concentrait souvent sur la maladie mentale, la pathologie et la guérison. Au

XXe siècle, de nombreux psychologues ont commencé à remettre en question cette approche et à proposer une vision plus holistique de la psyché humaine. Mais ce n'est que dans les années 1990 que le psychologue Martin Seligman a donné une impulsion majeure à la psychologie positive, la définissant comme sa propre discipline. Seligman a suggéré que la psychologie ne devrait pas seulement se concentrer sur la correction des déficiences, mais aussi identifier les forces, les vertus et les qualités des personnes qui contribuent à une vie bien vécue.

Objectifs de la psychologie positive

La psychologie positive ne consiste pas seulement à atteindre un état de bonheur superficiel ou éphémère. Au lieu de cela, il vise à promouvoir un bien-être profond et durable en tenant compte des émotions positives et négatives et des forces et vulnérabilités propres à chacun. Le but n'est pas d'éviter les difficultés, mais d'acquérir les compétences pour relever les défis de façon permanente et personnelle. Cette approche reconnaît que le bonheur est un voyage continu façonné par diverses expériences et une profonde compréhension de soi.

Les bases de la satisfaction humaine

 Au cœur de la psychologie positive se trouve l'étude de la satisfaction humaine. Comment définit-on le bonheur ? Quelles sont les composantes du bien-être ? Ces questions importantes ont conduit à l'identification de trois dimensions clés du bonheur : une vie agréable, une vie engagée et une vie pleine de sens. Une vie agréable consiste à rechercher le plaisir et à éviter la douleur, tandis qu'une vie bien remplie consiste à se plonger dans des activités qui fascinent et absorbent notre attention. Une vie pleine de sens commence par la poursuite d'objectifs et de valeurs qui transcendent nos besoins individuels.

Les rôles de la gratitude et de l'optimisme

Parmi les concepts clés de la psychologie positive, la gratitude et l'optimisme occupent une place centrale. La gratitude nous invite à reconnaître et à apprécier les aspects positifs de notre vie qui peuvent augmenter les sentiments de satisfaction et de contentement. L'optimisme, en revanche, nous aide à prédire un avenir positif même face aux défis. Ensemble, ces deux forces peuvent affecter notre vision de la vie et notre capacité à surmonter les moments difficiles.

En résumé, on peut dire que la psychologie positive éclaire la voie vers une vie satisfaisante et équilibrée. C'est une discipline qui reconnaît les nombreux aspects de l'expérience humaine et va au-delà d'un simple concept superficiel de bonheur. Dans les chapitres suivants, nous approfondirons les principes sous-jacents de la psychologie positive, explorerons ses

différentes dimensions et révélerons des moyens concrets par lesquels elle peut transformer nos vies. Au fur et à mesure que nous explorons, nous espérons mieux comprendre comment nous pouvons développer le bonheur, l'épanouissement et la résilience qui enrichissent notre voyage sur terre.

Chapitre 1 : Introduction à la psychologie positive

Concepts et objectifs de la psychologie positive

La psychologie positive, souvent qualifiée de « science du bonheur », représente une approche novatrice dans le domaine de la psychologie. Il vise à explorer et à comprendre les aspects positifs de la psyché humaine, en mettant l'accent sur les forces, les vertus

et les qualités qui favorisent l'épanouissement individuel et collectif. Contrairement aux modèles traditionnels de psychologie qui se sont largement concentrés sur les problèmes de santé mentale et les troubles psychologiques, la psychologie positive adopte une perspective plus équilibrée en intégrant la recherche sur le bien-être, le bonheur, la résilience et l'accomplissement personnel.
 L'objectif principal de la psychologie positive est de comprendre ce qui rend la vie digne d'être vécue et de favoriser les conditions qui favorisent le bien-être à long terme. Plutôt que

de se concentrer uniquement sur la correction des déficits et des dysfonctionnements, il cherche à identifier les facteurs qui contribuent à une vie significative et épanouie. La psychologie positive vise à aider les gens à développer leurs ressources psychologiques, à entretenir des relations positives et à faire face à leur résilience face aux défis de la vie.

Les origines de la psychologie positive

Les racines de la psychologie positive peuvent être retracées à travers diverses traditions philosophiques et religieuses à travers le monde. Cependant, le mouvement de la psychologie positive moderne a gagné en visibilité dans les années 1990 grâce aux travaux du psychologue Martin Seligman. Seligman, ancien président de l'American Psychological Association, est souvent considéré comme l'un des fondateurs de la psychologie positive. Dans son discours présidentiel en 1998, il a appelé à une nouvelle direction de la psychologie qui se concentrerait sur l'étude et le soutien du bien-être humain. Il croyait que la psychologie était responsable non seulement du traitement des maladies mentales, mais aussi de l'amélioration des aspects positifs de la vie.

Pionniers de la psychologie positive

Outre Martin Seligman, plusieurs autres chercheurs ont contribué de manière significative au développement de la psychologie positive. Parmi eux se trouve Mihaly Csikszentmihalyi, connu pour sa théorie du "flow", qui examine les moments où nous sommes complètement immergés dans l'activité qui nous entoure. Christopher Peterson a collaboré avec Seligman pour identifier et évaluer les "forces de caractère" universelles qui contribuent à une vie épanouie. La psychologue Barbara Fredrickson a souligné l'importance des émotions positives et de la résonance émotionnelle dans la promotion du bien-être.

Concepts de base de la psychologie positive

La psychologie positive est basée sur plusieurs concepts de base qui fournissent un cadre pour comprendre et étudier le bien-être humain. Parmi eux figurent les termes "forces de caractère", "vertus" et "émotions positives".

Les forces de caractère sont des qualités personnelles telles que la créativité, la gratitude, la curiosité et l'attention qui contribuent à une vie épanouie. Les vertus, quant à elles, sont des idéaux moraux et éthiques tels que la sagesse, le courage et la justice qui guident notre comportement et nos interactions avec le monde. Les émotions positives jouent un rôle clé dans la psychologie positive car elles aident à élargir nos horizons, à renforcer les relations sociales et à stimuler le processus de résilience.

 Dans le chapitre 1, nous avons appris les bases de la psychologie positive en explorant ses définitions, ses objectifs et ses origines. Cette approche est née en opposition à la vision traditionnelle de la psychologie, qui met en lumière les aspects positifs de l'expérience humaine. Les pionniers de la psychologie positive ont ouvert la voie à une nouvelle compréhension du bien-être en identifiant les forces de caractère, les vertus et les émotions positives qui contribuent à une vie épanouie. Dans les chapitres suivants, nous approfondirons ces concepts clés et explorerons comment ils se manifestent dans nos vies et comment nous pouvons les

cultiver pour un bien-être
supérieur.

Chapitre 2 : Les fondements de la satisfaction humaine

La recherche du bonheur et du bien-être

Depuis les temps anciens,
l'homme a essayé de comprendre
la nature du bonheur et du
bien-être. Cette recherche a été
une source d'inspiration pour les
penseurs, les philosophes et les
scientifiques à travers les âges.

Cependant, le concept de bonheur est loin d'être uniforme. Cela varie d'une culture à l'autre et même d'un individu à l'autre. Certains voient le bonheur comme la poursuite du plaisir et de la satisfaction personnelle, tandis que d'autres voient le bien-être comme une satisfaction plus profonde et durable et un sens à la vie.

Trois dimensions du bonheur

La psychologie positive offre une vision plus nuancée du bonheur en identifiant trois dimensions principales qui influencent la satisfaction des gens : une vie agréable, une vie engagée et une vie pleine de sens. Une vie agréable signifie des moments de plaisir, de confort et de satisfaction sensorielle. Il est souvent associé à la recherche d'expériences sensuelles et de plaisir instantané. Une bonne vie, bien qu'importante, n'est qu'une partie du tableau d'ensemble du bonheur.

Une vie engagée signifie une immersion totale dans une activité qui capte notre attention et défie nos capacités. Lorsque nous nous concentrons si profondément sur une tâche, le temps semble passer rapidement et nous nous sentons accomplis. Le concept de

"flux" développé par Mihaly Csikszentmihalyi décrit un état d'engagement optimal où défi et compétence sont en équilibre.
 Une vie pleine de sens commence par la poursuite d'objectifs et de valeurs qui transcendent nos désirs personnels. Cela peut impliquer d'agir au nom des autres, de faire avancer une cause plus importante ou de trouver un sens plus profond à ses propres expériences. Une vie pleine de sens exige souvent de faire des choix et de faire des sacrifices qui correspondent à nos croyances et à nos idéaux.

Équilibre entre les dimensions

L'examen de ces trois dimensions du bonheur soulève la question de l'équilibre. Bien que toutes ces dimensions contribuent de manière significative au bien-être, une vie épanouie ne nécessite pas nécessairement de maximiser chaque dimension à tout moment. Les gens diffèrent dans la façon dont ils intègrent ces dimensions dans leur vie. Par exemple, certaines personnes peuvent trouver un bonheur durable à s'attaquer à des projets significatifs, tandis que d'autres peuvent trouver une joie profonde à se perdre dans des expériences immersives.

L'importance des émotions positives

Les émotions positives jouent un rôle vital dans la création de toutes les dimensions du bonheur. Ce ne sont pas seulement des indicateurs de bien-être, mais aussi des catalyseurs d'expériences agréables, engageantes et significatives. Les émotions positives élargissent nos horizons cognitifs, augmentent notre créativité, renforcent nos liens sociaux et augmentent la résilience face aux défis.

Développer l'équilibre parfait

Équilibrer les dimensions d'une vie agréable, d'une vie occupée et d'une vie pleine de sens est une entreprise complexe. Cela nécessite une prise de conscience réfléchie de nos valeurs personnelles, de nos passions et de nos motivations. L'exploration de ces dimensions peut nous aider à mieux comprendre ce qui apporte un sens et une satisfaction profonds à nos vies. Après tout, le bonheur et le bien-être ne sont pas des destinations fixes, mais des voyages dynamiques où l'équilibre

entre plaisir, engagement et sens
crée une symphonie harmonieuse
de satisfaction humaine.

 Le chapitre 2 nous a présenté les
bases de la satisfaction humaine,
en explorant les trois dimensions
du bonheur : une vie agréable,
une vie bien remplie et une vie
pleine de sens. Chacune de ces
dimensions contribue de manière
unique à notre bien-être général,
mais un équilibre entre elles peut
mener à une vie épanouie. Les
émotions positives jouent un rôle
central dans cette dynamique,
influençant notre expérience et
notre évaluation de chaque
dimension. Dans les chapitres

suivants, nous approfondirons ces dimensions et explorerons comment elles se manifestent dans notre vie quotidienne et comment nous pouvons travailler à leur intégration équilibrée pour atteindre une plus grande satisfaction et un plus grand épanouissement.

Chapitre 3 : Gratitude et optimisme

Le pouvoir de la gratitude

La gratitude, un état émotionnel profond dans lequel nous

reconnaissons et apprécions ce que nous avons dans la vie, est au cœur de la psychologie positive. Ce sentiment puissant peut avoir un effet profond sur notre bien-être mental et émotionnel. En cultivant la gratitude, nous nous concentrons sur les aspects positifs de notre existence, même lorsqu'ils sont entremêlés de défis et d'épreuves. Pratiquer la gratitude nous encourage à prendre conscience des petites choses qui embellissent notre quotidien. Cela peut aller de la gratitude pour les relations significatives dans nos vies à l'appréciation des moments de beauté naturelle. La gratitude nous rappelle que même dans les moments difficiles, il y a des choses pour lesquelles nous pouvons être reconnaissants.

L'effet de la gratitude sur le bien-être

Plusieurs études scientifiques ont examiné les effets de la gratitude sur le bien-être mental et physique. Cette étude a révélé que la pratique régulière de la gratitude est associée à une réduction du stress, de l'anxiété et de la dépression. En reconnaissant ce qui va bien dans nos vies, nous pouvons créer un équilibre mental plus positif et durable.

 La gratitude favorise également des relations humaines plus harmonieuses. Lorsque nous exprimons notre gratitude aux autres, cela renforce nos liens sociaux et aide à créer un sentiment de connexion et d'appartenance. Nous reconnaissons la contribution des autres à nos vies, nous renforçons leur motivation à continuer à nous soutenir.

Cultiver la gratitude au quotidien

Cultiver la gratitude ne se limite pas à des moments extraordinaires. C'est une pratique quotidienne qui peut être intégrée à notre routine. Tenir un journal de gratitude est l'un des moyens les plus courants. Écrire quelques choses pour lesquelles nous sommes reconnaissants chaque jour nous encourage à prêter attention aux moments positifs les plus subtils.

Une autre méthode efficace est la méditation de gratitude. Prendre quelques minutes pour réfléchir aux aspects positifs de notre vie peut renforcer nos sentiments de gratitude et d'appréciation. Les actes de gratitude, comme remercier ceux qui nous entourent, contribuent également à renforcer notre expérience de ce sentiment.

Le pouvoir de l'optimisme

L'optimisme, une attitude positive envers l'avenir, est une autre pierre angulaire de la psychologie positive. Les personnes optimistes ont tendance à anticiper les résultats positifs et à garder confiance même lorsqu'il y a des obstacles sur leur chemin. Cette perspective optimiste peut avoir

un effet profond sur notre
bien-être émotionnel et notre
capacité à faire face aux défis
avec résilience.

 Les optimistes ont tendance à
considérer les revers comme des
événements spéciaux temporaires
plutôt que comme des échecs
personnels permanents. Cet état
d'esprit peut favoriser la résilience
et l'adaptabilité à l'adversité.
L'optimisme nous aide à
surmonter le doute de soi et à
maintenir une attitude positive
même dans des circonstances
difficiles.

Promouvoir l'optimisme

Cultiver l'optimisme ne signifie pas ignorer les dures réalités de la vie. Au contraire, il développe la capacité à trouver des points positifs, des leçons et des opportunités de croissance dans des situations défavorables. Reconnaître les pensées négatives et les transformer en pensées plus constructives est une étape importante vers l'optimisme.

L'auto-compassion est également liée à l'optimisme. Être gentil avec nous-mêmes, même dans les moments difficiles, peut augmenter notre confiance en notre capacité à surmonter les défis. L'optimisme ne consiste pas seulement à penser aux difficultés, mais aussi à avoir une attitude durable et constructive à leur égard.

 Le chapitre 3 nous a plongés dans les concepts psychologiques positifs de gratitude et d'optimisme. La gratitude, en nous aidant à apprécier les aspects positifs de notre vie, renforce notre bien-être mental, améliore nos relations et augmente la résilience. L'optimisme, en revanche, vous encourage à envisager le meilleur et à maintenir une attitude positive face aux défis. En intégrant la gratitude et l'optimisme dans notre vie quotidienne, nous pouvons développer une attitude positive et durable qui contribue à notre bien-être général. Dans les chapitres suivants, nous continuerons à explorer d'autres aspects de la psychologie positive et comment ils peuvent enrichir notre compréhension de nous-mêmes et du monde qui nous entoure.

Chapitre 4 : Flux et croissance personnelle

Une expérience fluide

Imaginez que vous êtes complètement absorbé par une activité où le temps semble passer sans que vous en soyez conscient. Vous êtes pleinement concentré, vos facultés sont pleinement engagées et vous ressentez une profonde satisfaction. Le psychologue Mihaly Csikszentmihalyi a appelé cette expérience "flux", un état de concentration complète et d'engagement maximal avec une tâche.

Le Flow est un état d'épanouissement où nous ressentons un lien profond et significatif avec ce que nous faisons. C'est un état où le défi de la tâche est équilibré par nos capacités, créant une harmonie entre nos capacités et les exigences de la situation. Le flux peut se produire dans un large éventail d'activités, du travail créatif et de la pratique artistique aux sports et loisirs.

Caractéristiques actuelles

 Le flux se caractérise par
plusieurs éléments clés.
Premièrement, il y a le sentiment
de concentration intense où toutes
les distractions sont minimisées.
Dans cet état, nous nous sentons
profondément impliqués dans la
tâche en cours, ce qui peut
entraîner une perte de conscience
de soi et de temps. Les actions et
la conscience semblent fusionner
pour créer une expérience unifiée.
En mode flow, on se sent aussi en
contrôle de la situation. Bien que
la tâche puisse être difficile, nos
compétences nous permettent de
le faire. Cette harmonie entre défi

et compétence crée la confiance en nos capacités. Enfin, l'expérience de flux est intrinsèquement enrichissante. Nous nous engageons dans une activité pour le plaisir qu'elle procure, pas pour une récompense extrinsèque.

Avantages de l'expérience Flow

 L'expérience Flow présente de nombreux avantages pour le bien-être et le développement personnel. Il peut augmenter la créativité, la concentration et la productivité. Lorsque nous sommes dans un état de flux, nous sommes plus susceptibles de ressentir des émotions positives et d'éprouver une profonde satisfaction.

 Le flux peut également avoir un effet positif sur la perception du temps. Lorsque nous sommes complètement absorbés par une tâche, le temps peut sembler passer beaucoup plus vite que dans d'autres situations. Cette expérience peut favoriser une vie plus riche et plus épanouissante en maximisant le temps passé dans des espaces de concentration et d'engagement profonds.

Améliorez la conformité avec Flow

Promouvoir le virus Flow dans notre vie quotidienne nécessite une prise de conscience et un objectif conscient. Pour développer cet engagement profond, il est important de choisir des loisirs qui correspondent à nos intérêts, capacités et valeurs. Identifier nos passions et nos forces peut nous aider à créer des expériences plus fluides.

Éviter les distractions est un autre élément important pour entrer dans un état de flux. Offrir un environnement propice à la concentration, limiter les interruptions et débrancher les appareils électroniques peuvent tous favoriser l'immersion.

La recherche de l'épanouissement personnel

 L'expérience de flux est étroitement liée à la croissance personnelle. Flow nous permet de nous connecter avec notre moi créatif et compétent, ce qui augmente notre confiance. Lorsque nous nous engageons dans des activités qui nous inspirent et stimulent la croissance, nous contribuons à notre épanouissement personnel.

La croissance personnelle ne se limite pas au flux, mais comprend également d'autres aspects de la psychologie positive tels que la gratitude, l'optimisme et les relations positives. Tous ces éléments créent ensemble une vie équilibrée, épanouissante et pleine de sens.

Le chapitre 4 a discuté de l'expérience du flux et de son rôle dans la croissance personnelle. Flow représente un état de concentration profonde et d'engagement maximal avec une activité qui favorise la créativité, la concentration et le plaisir. En choisissant nos passe-temps et nos compétences, en évitant les distractions et en créant un environnement qui favorise la concentration, nous pouvons favoriser les expériences de flux dans notre vie quotidienne. L'épanouissement personnel vient de ces moments de flux, ainsi que d'autres aspects de la psychologie positive, favorisant une vie pleine de sens, de satisfaction et de croissance. Dans les chapitres suivants, nous continuerons à explorer comment d'autres concepts de la psychologie positive s'inscrivent dans cet objectif d'épanouissement et de bien-être.

Chapitre 5 : Relations positives

L'effet des relations sur le bonheur

Les relations humaines jouent un rôle important dans notre bien-être et notre développement. Les humains sont des créatures sociales et nos interactions avec les autres peuvent avoir un effet profond sur notre santé mentale et émotionnelle. Des relations positives peuvent nous fournir un soutien émotionnel, augmenter notre résilience et contribuer à notre sentiment de bonheur.

La recherche montre que les personnes ayant des liens sociaux solides sont plus susceptibles de vivre une vie épanouie. Lorsque nous nous sentons connectés, compris et valorisés par les autres, cela favorise la sécurité émotionnelle et la satisfaction dans nos vies.

Communication et empathie

Une communication efficace et l'empathie sont essentielles pour établir des relations positives. Une communication ouverte et honnête crée une atmosphère de confiance et de compréhension mutuelle. L'empathie, la capacité de comprendre et de ressentir les sentiments des autres, est la pierre angulaire de la connexion émotionnelle.

Lorsque nous écoutons activement et répondons avec empathie, nous renforçons nos liens avec les autres. L'empathie crée un espace sûr où les sentiments peuvent être partagés sans jugement, ce qui renforce la confiance et favorise une communication plus profonde.

Relations nutritionnelles

Construire des relations positives demande de la concentration et des efforts. Les relations sont celles où chacun se sent écouté, valorisé et apprécié. Dans de telles relations, les gens se soutiennent mutuellement dans leurs objectifs, leurs sentiments et leurs expériences.

Les actes de gentillesse et de dévotion renforcent également les liens entre les personnes. De petites actions comme écouter activement ou offrir de l'aide peuvent faire une grande différence dans la qualité de nos relations. Relations toxiques

Tout comme les relations positives nourrissent notre bien-être, les relations toxiques peuvent avoir de profonds effets négatifs. Les relations toxiques sont caractérisées par des dynamiques malsaines telles que la manipulation, la critique constante ou le manque de respect. Ces relations peuvent causer du stress, de l'anxiété et de la détresse émotionnelle.

Il est important de reconnaître les signes de relations toxiques et de prendre des mesures pour les résoudre. Parfois, cela signifie établir des limites claires ou s'éloigner des personnes qui drainent notre énergie émotionnelle.

L'épanouissement par les relations

Les relations positives jouent un rôle crucial dans notre quête d'épanouissement. Les moments partagés avec les amis, la famille et les partenaires peuvent créer de précieux souvenirs et contribuer à notre bien-être émotionnel. Les relations offrent un espace pour célébrer le succès, surmonter les défis et partager des expériences significatives.

La qualité de nos relations peut également affecter notre capacité à faire face aux défis de la vie. Les amis et les proches peuvent fournir un soutien émotionnel important, augmentant notre résilience et notre capacité à faire face aux revers.

Cultiver des relations positives

 Entretenir des relations positives demande du temps et de l'investissement. Cela peut inclure la création de temps de qualité, la pratique d'une communication bienveillante et la gratitude envers les personnes qui enrichissent nos vies. En nous concentrant sur la création et le maintien de relations saines, nous favorisons notre bien-être et celui de nos proches.

Le chapitre 5 nous a plongés dans le monde des relations positives et leur impact sur notre bonheur et notre épanouissement. Les relations jouent un rôle important dans notre bien-être émotionnel en fournissant un soutien, une connexion émotionnelle et des expériences partagées. Développer des relations positives nécessite de la communication, de l'empathie et un effort constant pour créer des liens significatifs et enrichissants. Alors que nous continuons à étudier la psychologie positive, nous augmentons notre compréhension de la façon dont

les relations contribuent à une vie
épanouissante et épanouissante.

Chapitre 6 : Résilience et prospérité face à l'adversité

Détresse et résilience

La vie est pleine de défis et d'adversité qui peuvent mettre à l'épreuve notre bien-être émotionnel. La résilience, la capacité de se remettre de l'adversité et de faire face à l'adversité avec force, joue un rôle

crucial dans le maintien de notre bien-être mental. Bien que nous ne puissions pas toujours contrôler les circonstances extérieures, nous pouvons développer la résilience pour mieux faire face à l'adversité.
 La résilience ne signifie pas ignorer la douleur ou les émotions négatives. C'est plutôt la capacité de reconnaître ces sentiments, de les accepter et de trouver des moyens constructifs de les gérer.

Facteurs de résilience

 La durabilité est influencée par plusieurs facteurs. L'un d'eux est l'optimisme, la croyance en des résultats positifs même dans des situations difficiles. L'optimisme renforce notre capacité à faire face aux défis, à les considérer comme temporaires et à chercher des solutions.

 Le soutien social est également un élément important de la résilience. La connexion avec les autres peut fournir un espace sûr pour partager vos sentiments, recevoir du soutien et trouver des perspectives extérieures. La capacité à réguler nos émotions est un autre aspect de la résilience. En étant conscient de nos émotions et en étant capable de les gérer de manière saine, vous pouvez réduire l'impact négatif du malheur sur notre bien-être.

Croissance post-traumatique

La résilience peut également conduire à une croissance post-traumatique, où les gens trouvent un sens plus profond à leurs expériences après avoir surmonté des épreuves difficiles. Cette croissance peut se manifester par le renforcement des valeurs, l'établissement de priorités et un sentiment accru de gratitude pour la vie.

Les personnes qui ont connu une croissance post-traumatique voient souvent une perspective plus large et plus profonde sur la vie. Ils peuvent transformer l'adversité en une opportunité d'apprentissage et de croissance personnelle.

Augmenter la flexibilité

Le renforcement de la résilience est un processus continu qui exige de l'attention et des efforts. La pratique de la pleine conscience peut être un outil efficace pour augmenter la résilience. La pleine conscience nous permet d'accepter nos sentiments, de vivre le moment présent et de développer une

distance émotionnelle par rapport
à nos pensées négatives.

 Trouver un sens et une
signification à des expériences
difficiles peut également accroître
la résilience. En trouvant un sens
à l'adversité, nous pouvons mieux
faire face aux défis et nous sentir
plus forts dans nos capacités à
surmonter les obstacles.

Chercher la prospérité malgré l'adversité

 La résilience ne garantit pas que
nous ne ressentirons pas de
douleur ou de difficultés, mais elle
améliore notre capacité à les
traverser avec courage et force.

La poursuite du bien-être ne consiste pas à éviter le malheur, mais à développer les compétences et les ressources nécessaires pour relever les défis de la vie.

 Les expériences difficiles peuvent être des opportunités de croissance et de changement. En intégrant la résilience dans notre parcours, nous pouvons renforcer notre bien-être mental et émotionnel et développer la capacité de relever les défis avec une attitude positive.

 Le chapitre 6 nous a guidés vers la résilience et la prospérité face aux difficultés du monde. La résilience, la capacité de rebondir face à l'adversité, joue un rôle important dans notre bien-être mental et émotionnel. Des facteurs tels que l'optimisme, le soutien social et la capacité à réguler les émotions favorisent la résilience. La croissance post-traumatique peut résulter de l'adversité, conduisant à une perspective plus large et plus profonde de la vie. Cultiver la résilience nécessite une pratique régulière de la pleine conscience, la recherche de sens et la capacité de transformer les défis en opportunités d'apprentissage. Alors que nous continuons à explorer les concepts de la psychologie positive, nous approfondissons notre compréhension de la résilience et de son rôle dans l'atteinte du bien-être malgré les défis.

Chapitre 7 : Attention et présence consciente

Recherche de présence

Dans le tourbillon de nos vies modernes, il est facile de se perdre dans les pensées du passé ou du futur, en négligeant le moment présent. La pleine conscience, la pratique de la conscience instantanée, est en train de devenir une approche importante de la psychologie positive. Il nous invite à ralentir, à renouer avec le moment présent et à développer une conscience profonde de nos expériences.

La pleine conscience signifie une attention délibérée aux pensées, aux sentiments, aux sensations et à l'environnement sans jugement. Cela signifie simplement "être" dans l'instant au lieu de se perdre dans une santé mentale ou des soucis sans fin.

Avantages de la pleine conscience

L'exercice physique régulier est associé à de nombreux avantages pour notre bien-être mental et émotionnel. Il peut réduire le stress, l'anxiété et la dépression en nous aidant à gérer nos pensées négatives de manière isolée. La pleine conscience renforce notre capacité à gérer les émotions difficiles en les observant sans s'y accrocher.

De plus, la pleine conscience améliore notre concentration et notre clarté mentale. En nous entraînant à nous concentrer sur le moment présent, nous

développons une attention
soutenue qui peut être transférée
à d'autres domaines de notre vie.

Pratique de la pleine conscience

La pleine conscience peut être
développée par des pratiques
formelles telles que la méditation
assise ou la respiration
consciente. La méditation nous
permet de nous asseoir
tranquillement et d'observer nos
pensées, nos sentiments et nos
émotions sans les juger. La
respiration consciente signifie
prêter délibérément attention à
votre respiration, l'utiliser comme

point d'ancrage pour maintenir votre présence.

La pleine conscience peut également être intégrée à notre vie quotidienne. En pratiquant la pleine conscience lors d'activités courantes telles que manger ou marcher, nous développons l'habitude d'être présents en pleine conscience dans tous les domaines de notre vie.

Acceptation de soi et bienveillance

La clé de la pleine conscience est l'acceptation. Cela signifie accueillir vos expériences sans jugement ni résistance. La pleine conscience nous encourage à être doux avec nous-mêmes et à reconnaître que nous sommes humains et que les pensées et les sentiments font naturellement partie de notre expérience.

 Les soins personnels font également partie intégrante de la pleine conscience. Cela signifie traiter nos pensées et nos sentiments avec gentillesse et compassion. Au lieu de nous critiquer ou de nous blâmer, nous nous offrons le même soutien et la même compréhension que nous offririons à un ami cher.

La recherche de la vie consciente

Pratiquer la pleine conscience est une invitation à vivre une vie plus consciente et pleine de sens. En étant pleinement présent à chaque expérience, nous pouvons profiter des petits moments de joie et de beauté que l'on retrouve souvent dans les petits détails du quotidien.

La pleine conscience nous permet également de développer une distance émotionnelle par rapport à nos pensées, ce qui peut réduire la rumination et l'impact négatif des pensées répétitives.

Le chapitre 7 nous a plongés dans le monde de l'attention et de la présence consciente. La pleine conscience est une pratique qui nous invite à renouer avec le moment présent et à développer une conscience profonde de nos expériences. Il offre divers avantages pour notre bien-être mental et émotionnel, réduit le stress, améliore la concentration et améliore notre capacité à contrôler nos émotions.

La pratique formelle de la méditation et de la respiration consciente, ainsi que l'intégration de la pleine conscience dans notre vie quotidienne, peuvent enrichir notre compréhension de nous-mêmes et du monde qui nous entoure. Alors que nous continuons à explorer les concepts de la psychologie positive, nous approfondissons la façon dont la pleine conscience peut contribuer à une vie épanouie et consciente.

Chapitre 8 : L'Altruisme et la Contribution à Autrui

Altruisme et bonté inhérente

L'altruisme, le désir de favoriser le bien-être d'autrui sans coût personnel, est au cœur de la psychologie positive. Bien que l'évolution ait favorisé la survie individuelle, les humains ont aussi une tendance naturelle à coopérer et à sympathiser avec les autres. Cette bonté inhérente constitue la base de l'altruisme.

L'altruisme ne se limite pas aux grands gestes héroïques. Cela peut prendre la forme d'actes de gentillesse quotidiens, comme aider un ami dans le besoin, offrir un sourire à un étranger ou simplement écouter quelqu'un qui a besoin d'une conversation.

Les bienfaits de l'altruisme

Promouvoir le bien-être des autres peut non seulement avoir un impact positif sur la société, mais aussi sur notre propre bien-être. L'altruisme est associé à une augmentation des émotions positives et à une diminution du stress. Lorsque nous aidons les autres, cela peut activer le système de récompense du cerveau et nous donner des sentiments de satisfaction et de joie.

L'altruisme renforce également nos liens sociaux. En aidant les autres, nous créons des liens émotionnels plus forts et renforçons nos relations. Il favorise un sentiment de connexion et d'appartenance.

Formes d'altruisme

L'altruisme peut se manifester de différentes manières. L'aide directe est la fourniture d'une aide pratique ou émotionnelle à une personne dans le besoin. Les activités de service, comme le bénévolat dans la communauté, sont des exemples d'altruisme qui contribuent au bien-être collectif.

L'altruisme peut aussi s'exprimer par l'empathie et l'écoute. Écouter attentivement quelqu'un et fournir un espace sûr pour partager ses sentiments peut être une forme puissante de don de soi.

Les effets de l'altruisme sur la santé mentale

Participer à des actes désintéressés peut avoir un effet positif sur notre santé mentale. Des études ont montré que les personnes qui se livrent régulièrement à des activités altruistes éprouvent moins de dépression, d'anxiété et de sentiment d'isolement. L'altruisme crée un sens du but et de la connexion, ce qui peut être bénéfique pour notre bien-être émotionnel.

L'altruisme peut également augmenter notre résilience. En faisant preuve d'empathie et en tendant la main aux autres pendant les moments difficiles, nous pouvons créer un réseau de soutien social pour nous aider à faire face aux difficultés.

La recherche d'une société altruiste

L'altruisme ne se limite pas au niveau individuel. Les actes altruistes peuvent avoir un effet profond sur la société dans son ensemble. Les communautés et les sociétés qui encouragent l'altruisme et la coopération ont tendance à être plus résilientes et harmonieuses.

La recherche d'une société altruiste peut commencer par des actions individuelles. En étant désintéressé dans nos vies, nous pouvons inspirer les autres à faire de même, créant ainsi un effet d'entraînement positif.

Le chapitre 8 nous a plongés dans le monde de l'altruisme et du don aux autres. L'altruisme, la volonté d'aider les autres sans coût personnel, est enraciné dans la bonté innée des gens. Les gestes altruistes, qu'ils soient petits ou grands, ont un effet positif sur notre bien-être émotionnel, augmentant les sentiments positifs et renforçant nos liens sociaux.

L'altruisme peut prendre plusieurs formes, de l'aide directe à l'empathie et à l'écoute. En cultivant l'altruisme dans nos vies, nous favorisons non seulement notre propre bien-être, mais aussi la création d'une société plus harmonieuse et altruiste. Alors que nous continuons à explorer les concepts de la psychologie positive, nous continuons à explorer comment l'altruisme peut enrichir notre quête d'une vie épanouissante et significative.

Chapitre 9 : Ouverture spirituelle et but de la vie

Ouverture spirituelle

L'épanouissement spirituel est une dimension profonde de la psychologie positive qui examine la recherche de sens, de connexion et de compréhension dans le monde qui nous entoure. Bien que la spiritualité puisse prendre différentes formes pour différentes personnes, elle implique généralement une recherche de quelque chose de plus grand que soi, que ce soit à travers la religion, la méditation, la connexion avec la nature ou d'autres pratiques.

La croissance spirituelle se concentre sur le développement intérieur, la connexion avec nos valeurs et le sens profond de nos expériences.

Dimensions de la spiritualité

La spiritualité peut être accessible à partir de différentes dimensions. La dimension religieuse implique l'appartenance à une certaine tradition religieuse et la recherche d'un lien avec une puissance supérieure. La dimension existentielle se concentre sur la recherche de sens et la compréhension du but de la vie, quelle que soit l'appartenance religieuse formelle. La dimension mystique explore une connexion directe avec le divin ou le sacré à travers des expériences personnelles et transcendantales. La dimension humaniste se concentre sur la croyance en la capacité de l'humanité à créer un monde meilleur par la compassion, la bienveillance et la justice.

L'effet de l'ouverture spirituelle

L'épanouissement spirituel peut avoir un effet profond sur notre bien-être émotionnel et mental. Trouver un but et une connexion peut apporter un sentiment de plénitude et de paix intérieure. La croissance spirituelle peut également augmenter notre flexibilité et nous donner un cadre pour aborder les défis dans une perspective plus large.

Les pratiques spirituelles telles que la méditation, la prière ou la contemplation peuvent réduire le stress et l'anxiété en favorisant un état de paix intérieure et de présence.

La recherche de sens et de transcendance

La poursuite d'un objectif est au cœur de l'épanouissement spirituel. Cela implique de réfléchir sur nos valeurs, nos croyances et nos objectifs pour donner un sens plus profond à nos vies. La recherche de sens peut être guidée par des questions existentielles telles que "Qui suis-je ?", "Pourquoi suis-je ici ?" et "Quel est le sens de la vie?". La transcendance fait aussi partie de l'épanouissement spirituel. Il s'agit de vous pousser au-delà de vos limites et de vous connecter à quelque chose de plus grand, que ce soit par une méditation profonde, une connexion avec la nature ou des moments d'inspiration créative.

La recherche de l'accomplissement spirituel

La recherche de l'épanouissement spirituel implique une introspection et une réflexion profonde sur nos valeurs, nos croyances et notre connexion au monde. Cela peut inclure l'engagement dans des pratiques spirituelles, la recherche de communautés ou la recherche d'expériences qui nous aident à nous connecter au sacré.

La recherche de l'épanouissement spirituel peut évoluer avec le temps, reflétant notre croissance personnelle et nos expériences de vie. Il peut apporter réconfort, orientation et sens dans un monde en constante évolution.

Le chapitre 9 nous a plongés dans le monde de l'épanouissement spirituel et de

la vie. L'épanouissement spirituel
explore notre recherche pour
trouver une connexion, un sens et
une compréhension dans le
monde qui nous entoure. Elle peut
se manifester à travers différentes
dimensions, de la religion à la
recherche de sens existentiel, en
passant par la contemplation
mystique et la foi en la capacité
humaine à créer un monde
meilleur. La recherche d'un but et
de la transcendance peut apporter
un sentiment de paix intérieure,
de plénitude et de résilience. En
continuant à explorer les concepts
de la psychologie positive, nous
approfondissons la façon dont la
croissance spirituelle peut

contribuer à une vie épanouie et pleine de sens.

Chapitre 10 : La Quête d'une Vie Épanouissante

Intégrer les concepts de la psychologie positive

Dans ce voyage à travers différents aspects de la psychologie positive, nous explorerons la créativité, la gratitude, le bonheur, la résilience, les relations positives, la pleine conscience, la dévotion, l'épanouissement spirituel et la pleine conscience. Chacun de ces concepts offre une perspective unique sur la façon dont nous pouvons cultiver une vie épanouissante et pleine de sens. La psychologie positive ne se limite pas à l'étude de concepts individuels, mais tente de les intégrer harmonieusement dans notre vie quotidienne. En combinant ces concepts, nous créons un cadre holistique pour augmenter le bien-être mental et émotionnel.

Équilibre et harmonie

L'épanouissement est plus qu'un aspect de la psychologie positive.

C'est à cause de l'équilibre et de l'harmonie entre ces différents aspects. La créativité peut enrichir nos relations positives, la pleine conscience peut renforcer notre résilience et la dévotion peut favoriser notre croissance spirituelle. En combinant ces concepts, nous créons une image complète de ce que signifie vivre pleinement sa vie.

La poursuite d'une prospérité durable

La psychologie positive offre une alternative à la focalisation traditionnelle sur la pathologie de l'esprit. Plutôt que d'essayer

simplement d'éliminer les
symptômes négatifs, la
psychologie positive vise à cultiver
des aspects positifs dans la vie
qui favorisent un bien-être
durable. Trouver la vie parfaite ne
consiste pas à éviter les défis, les
échecs ou les émotions négatives.
Il s'agit plutôt d'une invitation à
embrasser toutes les expériences
humaines, en utilisant les outils de
la psychologie positive pour les
naviguer de manière flexible,
reconnaissante, créative et
consciente.

Créer un plan d'action pour la croissance

La création d'un plan d'action personnel peut aider à intégrer ces concepts dans nos vies. Identifiez les domaines qui vous parlent le plus, que ce soit la créativité, la pleine conscience, les relations positives ou d'autres aspects. Fixez-vous des objectifs réalistes et précis pour développer ces aspects dans votre vie quotidienne. Pratiquez la gratitude à travers la journalisation, consacrez du temps à des activités créatives, explorez la méditation et la pleine conscience, offrez de l'aide à ceux qui en ont besoin, recherchez une connexion spirituelle et trouvez un sens à chaque expérience.

Conclusion : Cultiver une Vie Épanouissante à Travers la Psychologie Positive

La psychologie positive nous donne une lentille à travers laquelle examiner toutes les expériences humaines, en mettant l'accent sur les aspects positifs qui affectent notre bien-être mental et émotionnel. Dans ce

voyage à travers différents
chapitres, nous explorons des
concepts tels que la créativité, la
gratitude, le bonheur, la résilience,
les relations positives, la pleine
conscience, la dévotion, la
croissance spirituelle et la pleine
conscience.

Tous ces concepts, bien
qu'uniques en eux-mêmes, sont
enracinés dans notre désir inné
de vivre une vie pleine et pleine
de sens. La créativité nous invite
à explorer notre monde intérieur
et à exprimer notre être unique.
La gratitude nous rappelle les
simples merveilles de la vie. Le
bonheur vient de la recherche

d'émotions positives et d'une vision optimiste.

La résilience nous donne la capacité de surmonter l'adversité avec courage et force. Les relations positives nous fournissent un soutien émotionnel et une connexion profonde. La pleine conscience nous aide à nous ancrer dans le moment présent et à développer une présence consciente. L'altruisme nous relie à la bonté inhérente des gens. L'épanouissement spirituel et la recherche de sens nous invitent à explorer les dimensions profondes de l'existence.

Ces concepts non seulement se complètent, mais s'enrichissent mutuellement, formant une image complète de ce que signifie cultiver une vie pleine et pleine de sens. L'intégration de ces concepts dans notre vie quotidienne nécessite un engagement conscient, une introspection et un effort constant.

La psychologie positive nous rappelle que la poursuite du bien-être mental et émotionnel n'est pas une destination, mais un voyage continu. C'est un voyage qui nous invite à embrasser toutes les émotions, les expériences et les défis qui composent la vie humaine. C'est une invitation à développer une vie pleine de sens, de connexion et d'épanouissement.

Lorsque nous avons fini d'explorer ces concepts de psychologie positive, nous avons un cadre qui nous permet de poursuivre notre quête d'une vie épanouie. Que nous choisissions de cultiver la gratitude, de cultiver des relations positives, de pratiquer la pleine conscience ou de rechercher un sens plus profond, nous avons les outils pour naviguer en toute confiance dans les hauts et les bas de la vie.

La psychologie positive nous rappelle que chaque instant est une opportunité de grandir, de se connecter et de vivre à bon escient. C'est un rappel que la vie épanouissante que nous recherchons est déjà en nous, attendant juste d'être explorée et exprimée. En intégrant ces concepts dans nos vies, nous façonnons progressivement notre chemin vers le bien-être mental et émotionnel.

9 798885 743037